Charles Ernest Beulé

Velasquez au Musée de Madrid

Beaux-Arts

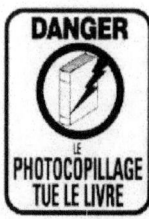 Le code de la propriété intellectuelle du 1er juillet 1992 interdit en effet expressément la photocopie à usage collectif sans autorisation des ayants droit. Or, cette pratique s'est généralisée dans les établissements d'enseignement supérieur, provoquant une baisse brutale des achats de livres et de revues, au point que la possibilité même pour les auteurs de créer des œuvres nouvelles et de les faire éditer correctement est aujourd'hui menacée. En application de la loi du 11 mars 1957, il est interdit de reproduire intégralement ou partiellement le présent ouvrage, sur quelque support que ce soit, sans autorisation de l'Éditeur ou du Centre Français d'Exploitation du Droit de Copie , 20, rue Grands Augustins, 75006 Paris.

ISBN : 978-1976540196

10 9 8 7 6 5 4 3 2 1

Charles Ernest Beulé

Velasquez au Musée de Madrid

Beaux-Arts

Table de Matières

Velasquez au Musée de Madrid   6

Velasquez au Musée de Madrid

Si vous allez en Espagne pour étudier les écoles de peinture, attendez-vous à de singulières déceptions, car vous n'aurez pas manqué de lire attentivement les écrits de Palomino de Velasco, les biographies de Cean Bermudez et d'autres traités sur l'art espagnol. Vous aurez remarqué que le nombre des artistes est considérable, que leurs tableaux sont décrits avec des éloges qui ne tarissent point, que les mots de talent et de génie sont prodigués volontiers, que les comparaisons avec Raphaël, Michel-Ange et le Corrège sont hardiment soutenues. Vous aurez été frappé de la puissance que l'on prête à certaines écoles, de leur enchaînement méthodique, de leurs subdivisions, qui attestent l'excès de fécondité, en Andalousie, par exemple, où l'on vous montre les écoles de Grenade, de Murcie, de Cordoue, se rattachant à l'école de Séville comme les jets vigoureux d'une même souche, de sorte que les semaines et les mois semblent ne point devoir vous suffire pour savourer avec ordre tant de merveilles.

J'avoue humblement que j'étais du nombre de ces voyageurs naïfs, et que j'ai été dupe. Certes l'orgueil national est respectable, mais il a ses limites. Nous accordons de grandes licences aux peuples situés au-delà de la Garonne ; par conséquent plus les races de cette partie de l'Europe descendent vers le sud, plus il est logique qu'elles abusent de l'hyperbole. Cependant l'hyperbole mérite un autre nom, lorsqu'elle s'applique à l'histoire. C'est même compromettre les titres de gloire d'une nation que de les enfler outre mesure, car si ses historiens prétendent pour elle plus qu'il n'est vrai, les nations voisines lui ôteront peut-être plus qu'il n'est juste. Jusqu'ici l'Espagne n'est pas très connue, et l'on n'a guère réclamé contre la hardiesse des auteurs espagnols qui ont écrit sur l'art. Nous disons avec raison de certaines affirmations qu'elles *en imposent*, car des écrivains étrangers, gagnés par l'exemple, n'ont su que pousser l'emphase plus loin encore. Le *Dictionnaire des Peintres espagnols*, que Quilliet dédiait au duc de Berri en 1816, nous montre combien les hommes subissent les jugements tout faits et trouvent la déclamation plus aisée que la critique.

Si l'on considère l'école espagnole dans son ensemble, il faut reconnaître qu'elle ne peut être comparée ni aux écoles de l'Italie, ni à l'école française, ni aux écoles flamande et hollandaise. Elle soutiendrait la lutte avec l'Angleterre, qui n'a eu que des peintres habiles, ou peut-être avec l'Allemagne, qui, malgré plusieurs maîtres illustres, n'offre après eux que des traditions affaiblies. Un seul peintre en Espagne fera dire de lui qu'il a du génie : ce peintre, c'est Velasquez. Pour Murillo, sa facilité charmante et la pieuse mollesse de son pinceau permettent d'affirmer qu'il a du talent, mais rien de plus : il n'a aucune des grandes qualités qui font les maîtres. Je ne parle pas de Ribera, qui s'enfuit de Valence tout jeune pour se faire italien, qui fut l'adepte fervent du Caravage, ne retourna jamais dans sa patrie et mourut à Naples. S'il honore l'Espagne, il ne lui appartient plus. Après Velasquez et Murillo, à un degré bien inférieur, on citera plusieurs artistes qui ont du mérite : Alonzo Cano, qui fut moins bon peintre que bon sculpteur ; Zurbaran, dont la fermeté ascétique touche à la rudesse, et rappelle trop le laboureur de l'Estramadure ; Juanès, qui apprit des derniers disciples de Raphaël les lignes suaves et les contours harmonieux : Sanchez Coello, qui fut pour Philippe II ce que Velasquez fut pour Philippe IV, mais dont les portraits les plus vantés périrent dans les incendies du Pardo et de l'Alcazar ; Luis de Vargas et Juan de Las Roelas, tous les deux nourris dans les écoles de l'Italie, et demeurant de louables imitateurs, dont la vigueur est incontestable, mais dont le style inculte, désordonné, est plutôt digne des Hurons que d'un peuple civilisé. Il faut rapprocher les œuvres de ces artistes de celles des peintres italiens, je ne dis pas du premier, mais du deuxième et troisième ordre, pour juger sainement quelle est leur place dans l'histoire de l'art ; mais si l'on descend plus bas, si l'on jette un regard sur les toiles du commun des martyrs, on est surpris de l'ignorance profonde de la plupart de ces Espagnols dont les biographies sont si pompeuses. Que de fois ils m'ont fait songer aux tableaux suspendus dans les corridors ou entassés dans les greniers de nos vieux châteaux, et dont les auteurs se sont sagement voués à l'oubli !

Il y a des peuples, aussi bien que des individus, chez lesquels on voit une opposition étrange entre ce qu'ils aiment et ce qu'ils atteignent, ce qu'ils veulent et ce qu'ils font. Les Français professent l'amour de la liberté et la haine des révolutions : c'est chez eux que les révolutions sont le plus fréquentes, la liberté le plus vite sacrifiée. Les Espagnols ont cultivé la peinture avec passion sans contribuer à ses progrès : ils ont eu des artistes nombreux, mais la plupart médiocres ; ils ont appelé sans cesse des maîtres étrangers, sans profiter de leurs leçons ; ils ont fondé des écoles, mais ces écoles, au lieu de grandir, s'affaiblissaient aussitôt, tandis que ceux qui les dédaignaient pour ne relever que d'eux-mêmes sont quelquefois devenus célèbres. Il faut chercher l'explication de semblables contradictions non pas dans les faits, mais dans le caractère d'une nation. L'homme trop souvent accuse la destinée, quand il ne devrait accuser que lui-même. On a prétendu que la domination des Arabes, qui sont iconoclastes, c'est-à-dire qui proscrivent les images, était la cause de l'infériorité des Espagnols dans les arts d'imitation. D'abord la domination des Arabes était détruite longtemps avant la renaissance, car le royaume de Grenade, loin d'exercer sur la Péninsule aucune influence fâcheuse, ne fut que le dernier et le plus aimable asile des Maures vaincus. Ensuite il y a une ingratitude rare à présenter comme les oppresseurs des arts ceux qui ont revêtu l'Espagne de sa plus belle parure. Il faut avoir visité l'Afrique et l'Espagne coup sur coup pour saisir tous les liens qui unissent l'une à l'autre les civilisations de ces deux pays. Ce que l'Espagne possède de plus précieux ou de plus caractéristique, elle le doit aux Arabes. Ses monuments les plus exquis, ses demeures les plus élégantes, ses villes les plus poétiques, sont arabes ; ce qu'il y a de pittoresque dans ses mœurs, dans ses costumes, dans ses meubles, dans les détails familiers de la vie, est emprunté aux Arabes ; si, dans la bouche des Espagnols, vous surprenez un mot plus sonore, il est arabe ; si une pensée vous paraît plus fleurie, un tour de politesse plus délicat, ils viennent des Arabes. Il est beau à un peuple de s'affranchir et de se constituer, mais il n'est pas nécessaire qu'il oublie pour cela ce qu'il doit aux conquérants, ni qu'il les calomnie. Pour certaines parties de l'Espagne, le départ des Arabes fut une ruine, et si la plaine de Valence est restée un jardin enchanté, c'est qu'on y a gardé la culture des Arabes et jusqu'aux lois qui régissaient la distribution des eaux.

La religion musulmane, il est vrai, écartait les arts d'imitation ; mais le Koran, en passant en Europe, avait perdu beaucoup de sa rigueur. Les maîtres de l'Andalousie ont même donné aux Espagnols des exemples de tolérance en tout genre qu'ils n'ont guère suivis. Les peintures qui décorent une des salles de l'Alhambra attestent que l'aversion des Maures pour les représentations figurées n'était point si violente. D'ailleurs, à la suite de l'art arabe, s'introduisait l'art byzantin, qui l'avait inspiré jadis et le soutenait encore. Il reste en Espagne des œuvres byzantines assez nombreuses et assez belles pour avoir pu former un Cimabué et un Giotto. Ce ne sont donc pas les modèles qui ont manqué, ce sont les hommes.

On a dit aussi que l'Espagne, occupée pendant plusieurs siècles à chasser ses dominateurs, a vu se prolonger plus longtemps cette crise d'enfantement qui s'appelle le moyen âge. Née plus tard à la civilisation, elle n'a pu pousser aussi loin la science de l'art et des traditions, qui ne se forment qu'avec l'aide du temps ; mais la crise a été beaucoup plus simple en Espagne que dans les autres pays, et dès la fin du XIIIe siècle la croisade contre les Maures était assurée de triompher. D'ailleurs la découverte de l'Amérique et la renaissance sont deux faits contemporains ; les trésors ne manquaient pas aux Espagnols pour payer les chefs-d'œuvre. On sait au contraire quel usage ils en firent, surtout sous Philippe II. Peut-être le caractère même de ce peuple expliquerait-il mieux la stérilité de ses écoles de peinture et l'impuissance relative de ses aspirations. Fier et indomptable, il n'a ni la souplesse d'esprit ni la docilité qui font des disciples après avoir fait des maîtres. Le sentiment personnel que les romantiques de notre temps ont divinisé et l'allure indépendante qu'ils ont affectée sont chez les Espagnols un don inné. Leur littérature est par excellence romantique, c'est-à-dire que les traditions et les règles y sont inconnues, tandis que le bon plaisir de l'auteur règne tout-puissant. Il en est de même dans l'art. En vain les peintres s'attachent à copier des modèles ou à s'imposer un professeur, leur tempérament les entraîne, et bientôt ils cessent d'apprendre, parce qu'ils sont peu capables d'imiter. Il ne convient pas de blâmer dans une race un tel instinct, qui est une des conditions de l'originalité. L'école qui saurait y joindre le labeur, la passion du beau, l'application infatigable, atteindrait un singulier degré d'expression et d'énergie. Malheureusement le peuple espagnol n'est point ennemi d'une certaine paresse que le climat excuse, mais qui contribue à retenir ses efforts, quand il serait l'heure de les redoubler. En étudiant avec soin les œuvres des divers artistes, on voit le point où ils se sont arrêtés, se contentant de répéter les sujets religieux, cherchant les compositions faciles, satisfaits d'une exécution rapide et molle qui pour d'autres n'eût été que le début.

Cette indolence naturelle, s'alliant à un goût assez sensible pour ce qui est trivial, paralysa les intentions les plus sincères ; car on ne saurait s'imaginer avec quelle bonne foi les artistes de la Péninsule briguaient les leçons des maîtres italiens et flamands, ou prétendaient se nourrir de leurs œuvres. Les étrangers étaient appelés sans relâche, et, quoique ce ne fussent en général que des peintres de troisième ordre, ils ne laissaient pas d'apporter des germes qui, en tout autre pays, eussent été féconds. Dès l'an 1415, nous voyons en Castille le Florentin Gherardo Starnina. Sous le règne de Jean II, on appelle de Florence le peintre Dello et de Flandre Rogel. Les Français arrivent à leur tour : Jean de Bourgogne, qui décore les monumens de Tolède ; Pierre de Champagne, qui peint à Séville, où les frères italiens Giulio et Alessandro enseignent leur art. À Tolède, Isaac de Helle et Dominique Theotocopoulos, appelé justement *il Greco* par les Italiens, fondent l'école ; Lupicini professe en Aragon. À Madrid, on compte toute une série de peintres étrangers : Antoine Moor, Caxesi, Rizi, Tibaldi, Castello et ses fils, les deux Carducci, Rubens enfin, qui réside à Madrid en 1628. Plus tard, Charles II appellera Luca Giordano ; Philippe V, Van Loo, Procaccini, Ranc Vanvitelli ; Charles III, Raphaël Mengs, sans pouvoir régénérer l'art, et les académies de Madrid, de Sarragosse, de Valence, de Séville même, ne sont qu'une solennelle protestation d'impuissance. Du reste, les peintres n'avaient rien à envier aux sculpteurs, car il est aisé de voir comment ces derniers ont profité des leçons de Philippe de Bourgogne et de Torrigiano, le rival de Michel-Ange.

Qu'on ne croie pas que les maîtres étrangers fussent mal accueillis. Ils étaient entourés d'honneurs, écoutés avec zèle, recherchés sans jalousie. Les Espagnols donnaient des preuves plus vives encore de leur ardeur, lorsqu'ils partaient pour l'Italie ou la Flandre, afin de s'inspirer aux sources. Vincente Juanes et Ribalta ont vécu en Italie, de même que Luis de Vargas, Marmolejo, Berruguete, Becerra, Fernandez Navarrete, et bien d'autres qui n'acquirent pas même la facilité d'exécution de ceux que je viens de citer. Pierre de

Moya poursuivit Van Dyck jusqu'à Londres, afin de devenir son disciple. Velasquez fit en Italie des voyages prolongés, au risque de mécontenter Philippe IV, son protecteur. Le rêve de Murillo était de visiter l'Italie, il partit même pour Rome ; mais il rencontra sur sa route le musée de Madrid et s'y enferma pendant deux ans. Malgré tant d'efforts et des intentions si belles, les peintres espagnols ont gardé leur physionomie propre et une bonne part d'inexpérience. Les écoles, à peine constituées, ou tombaient ou méritaient l'oubli. Il ne reste, aux yeux de la postérité, que des individualités brillantes et des talents dont le principal trait (ce qui n'étonnera personne) est l'originalité. Parmi ces figures originales, les plus remarquables sont celles de Velasquez et de Murillo, l'un qui respire toute la fierté castillane et peint les splendeurs de la cour, l'autre qui représente le charme de la race andalouse et résume les inspirations religieuses qui sont l'âme de l'art espagnol ; le premier qui excite l'admiration, le second qui exerce un vif attrait, tous deux l'honneur de l'Espagne, et les seuls qui supportent' une étude approfondie. Il est naturel de commencer par Velasquez, qui est *le plus grand*.

Velasquez est peu connu en Europe : on le range parmi les maîtres sans contestation comme sans enthousiasme, parce que sa place est faite et parce que les artistes qui ont visité Madrid se portent garants de sa gloire ; mais cette gloire, le public ne peut ni la discuter ni la confirmer, car les pièces du procès ne sont pas sous ses yeux. Rome, Gênes, Paris, Dresde et surtout l'Angleterre possèdent quelques tableaux de Velasquez, mais des tableaux isolés, d'une importance secondaire, qui ne donnent point sa mesure et ne frappent que les vrais connaisseurs. On peut dire que Velasquez est tout entier au musée de Madrid, puisque ce musée compte plus de soixante toiles du peintre de Philippe IV. L'Espagne a eu la fortune de retenir ses chefs-d'œuvre dans tous les genres où il s'est essayé, peinture religieuse, peinture d'histoire, mythologie, paysages, scènes d'intérieur, portraits en pied, portraits équestres. Pour expliquer cette fortune, il suffit de jeter un regard sur la vie de l'artiste.

Velasquez naquit à Séville en 1599. Son père s'appelait Juan-Rodriguez de Silva, sa mère Geronima Velasquez. Il réunit les deux noms, d'après l'usage espagnol, plus fréquent encore en

Andalousie. La postérité, qui tend toujours à simplifier, n'a retenu que le nom de sa mère. Ses parents, frappés de la passion qui le portait vers le dessin, lui firent cesser ses études classiques et l'envoyèrent dans l'atelier d'Herrera le Vieux, qu'on aurait surnommé plutôt Herrera le Diable, si la peur de l'inquisition l'avait permis. Cet Herrera était un brutal avec qui personne ne pouvait vivre. Non-seulement ses élèves, mais ses enfants eux-mêmes prenaient la fuite, et il finit par rester seul. Sa peinture se ressentait de son caractère, elle était d'un furieux. Il se servait de brosses et de joncs pour couvrir ses toiles avec plus de rapidité, je veux dire avec plus de rage. Aussi ses saints et ses docteurs, qu'il aimait à représenter la plume à la main, ressemblent-ils à des possédés qu'on exorcise ou à des bandits que l'on va pendre. Les Espagnols, il est vrai, comparent modestement Herrera à Michel-Ange, comparaison qui réjouit singulièrement ceux qui voient ensuite les peintures d'Herrera à Séville. Velasquez se hâta de quitter un tel maître, et il fit bien. Tout ce qu'il put apprendre de lui, ce fut la négligence et l'audace, le mépris de la beauté et le goût d'un coloris énergique, enfin une liberté de composition qui ne dépasse pas les mérites de l'ébauche. »

Il entra chez Francesco Pacheco, qui formait avec Herrera un contraste parfait, caractère aimable, esprit cultivé, poète élégant, peintre froid et médiocre, comme beaucoup de peintres de l'école de Séville que l'emphase espagnole proclame en vain des hommes de génie. Si Pacheco avait peu de talent, il avait de l'instruction ; son traité sur la peinture prouve qu'il put donner à Velasquez de bons conseils. Il fut surtout assez avisé pour lui donner une famille : ce choix d'un jeune homme pauvre et obscur est honorable pour lui de toute façon, surtout s'il pressentit que son gendre serait un grand artiste.

Mais Velasquez ne se contentait point, cela se conçoit, des leçons de Pacheco. Il cherchait des modèles plus élevés, une nourriture plus forte que Séville ne pouvait alors lui fournir. C'est ainsi qu'à un moment donné il s'éprend des tableaux de Louis Tristan, peintre de Tolède, que les biographes comptent, pour ce motif, parmi ses maîtres. Il fut forcé de se rejeter sur la nature, comme Lysippe ; il copiait avec acharnement les objets qui lui tombaient sous la main, les plantes, les poissons, les oiseaux, les animaux ; il dessinait dans mille postures et avec mille expressions diverses un jeune paysan qu'il avait pris à son service ; il peignait tous ceux qui s'y prêtaient, développant par ces études répétées son goût et son talent pour le portrait, de sorte qu'à proprement parler, Velasquez, fut élève de la nature et de lui-même. L'art fut pour lui un véritable don : il l'aima par instinct, le cultiva par passion, le conquit par la force du sentiment personnel. Son originalité traversa victorieuse les ateliers où elle aurait dû s'éteindre ; elle résista même à l'influence de maîtres ou de modèles illustres qu'il rencontra plus tard. À l'âge de vingt-neuf ans, il connut Rubens à Madrid ; il passa neuf mois dans un commerce intime avec ce séduisant esprit. À trente ans, il était à Venise, où il copiait les tableaux vénitiens, notamment *le Calvaire* et *la Communion* du Tintoret. De Venise, il se rendait à Rome, où il étudiait Raphaël et Michel-Ange, copiant même *le Jugement dernier, les Sibylles de la Chapelle Sixtine, l'École d'Athènes, le Parnasse*. Mais ni Rubens, ni les Vénitiens, ni Michel-Ange, ni Raphaël n'ont marqué leur empreinte sur les œuvres de Velasquez. Ce qu'il déroba à d'aussi excellent modèles, il se l'assimila avec une énergie qui effaçait les traces et sauvait son indépendance.

Rien n'était plus propre d'ailleurs à inspirer à Velasquez la fermeté et la foi en lui-même que la faveur précoce qui l'éleva au-dessus de ses contemporains et l'y maintint jusqu'à sa dernière heure. Dès l'an 1623, Philippe IV le nommait son peintre, l'attachait à son palais, l'admettait dans sa familiarité. Carducho, Caxes, Nardi, ses rivaux à la cour, s'inclinant devant la volonté souveraine, avouaient que jamais ils n'avaient représenté le roi avec autant de bonheur, aveu plus véridique que sincère : ils souffraient que leurs portraits fussent relégués dans une salle obscure, tandis que Velasquez, à l'égal d'Apelle, gardait seul le privilège de peindre le nouvel Alexandre. Dès lors la vie de Velasquez peut se raconter d'un seul mot, car ce fut celle des courtisans. Pendant trente-sept années il fut l'ami du roi ; il travailla pour lui, sous sa direction, sous ses yeux, sous sa clé. D'abord huissier de la chambre, puis maréchal-des-logis du palais, enfin chevalier de Saint-Jacques, il connut la servitude dorée, les plaisirs bruyants, les dignités pompeuses et les graves soucis de l'étiquette. La chaîne était d'autant plus étroite que Philippe IV ne pouvait se passer de lui. Les deux voyages qu'il fit en Italie, d'abord pour ses propres études, puis pour acheter des tableaux et des statues de maîtres italiens, furent abrégés par les instances les plus affectueuses et par un ordre de rappel. Du reste, qu'on ne suppose pas Velasquez triste ou digne de plainte. La vie de cour était sa joie : noble de naissance, magnifique dans ses goûts, comblé de richesses par le roi, il était beau cavalier et se mettait avec élégance ; ses diamants excitaient l'envie ; il tenait table ouverte, et les plus hauts personnages regardaient comme un honneur d'être admis chez lui. Il prenait au sérieux ses fonctions de premier maréchal-des-logis, son zèle abrégea même sa vie, car ce fut dans l'île des Faisans, en préparant la maison où devaient se rencontrer Philippe IV et Louis XIV, qu'il contracta, par excès de fatigue, le mal dont il mourut.

Qui peut dire ce qu'auraient produit les éminentes facultés dont Velasquez était doué s'il fût resté libre, si la retraite lui eût permis de consacrer au travail le temps qu'il perdait en occupations frivoles ? Je sais que le bonheur donne des ailes à l'âme d'un artiste et que l'éclat a des enivrements féconds ; mais il faut que cet éclat s'appelle la gloire et que ce bonheur ne soit pas la dissipation. De même que la faveur de Louis XIV a été pour le génie de Racine plus funeste que salutaire, de même l'amitié de Philippe IV a arrêté l'essor de Velasquez, en l'enfermant dans un cercle où il lui était trop facile de tourner toujours. Les portraits de la famille royale, répétés dans toutes les dimensions et sous toutes les formes, étaient un sujet qui ne pouvait exciter longtemps l'enthousiasme d'un artiste, et qui parfois, cela est manifeste, n'a été traité par lui ni sans froideur ni sans ennui. Les nains et les bouffons qu'il était de mode de faire peindre à cette époque n'étaient pas non plus une matière digne d'un talent élevé. Velasquez n'était pas né seulement pour exceller dans le portrait, mais surtout dans la peinture d'histoire. Je ne puis donc reconnaître sans un profond regret à quel métier le roi l'a rabaissé, puisqu'il ne lui a commandé, pendant les trente-sept années de loisir qu'il lui créait, qu'une seule grande page, *la Reddition de Bréda*. Quelques vues des châteaux royaux, l'intérieur d'une manufacture de tapis, une Vierge pour décorer un oratoire, sont une faible compensation pour tant de chefs-d'œuvre étouffés dans leur germe. Combien la solitude et la pauvreté n'eussent-elles pas offert à Velasquez des conseils plus mâles, une protection plus utile à sa gloire !

Philippe IV du moins témoigna à Velasquez qu'il admirait son génie mieux qu'il ne le comprenait. Il achetait tout ce qui sortait de son atelier : les palais d'Aranjuez, de l'Escurial, de Buen-Retiro, du Pardo, se remplirent ainsi d'œuvres qui n'éprouvèrent ni les injures du temps ni les dangers des voyages. Quand le musée de Madrid fut formé, les souverains de l'Espagne y réunirent tous ces tableaux, dispersés dans leurs demeures. C'est pourquoi l'on y compte plus de *soixante* toiles de Velasquez, richesse rare et merveilleuse d'un musée qui est déjà le plus riche du monde.

Je n'entreprendrai point de décrire minutieusement tous ces tableaux. Je choisirai les principaux dans chaque genre pour en donner une esquisse et une appréciation : il sera plus facile de saisir ensuite le véritable caractère du talent de Velasquez.

Il est naturel de commencer par la peinture religieuse qui tient dans l'école espagnole une place si grande qu'elle semble avoir proscrit presque toutes les autres branches. Aussi Velasquez est-il une exception unique dans un pays où l'inquisition nommait des inspecteurs pour surveiller les ateliers des artistes et les boutiques des marchands. Il fit peu de peinture religieuse et n'en avait point le goût, danger sérieux si l'amitié du roi ne l'eût couvert. Les sujets inspirés par la religion demandent à la fois une profondeur et une naïveté, une passion et un idéal dont le peintre de Séville n'était point capable. Sec, spirituel, observateur, il ne se plaisait qu'à imiter la nature ; la vie de courtisan ne lui laissait point d'ailleurs le temps de chercher la beauté dans le monde des rêves, ni d'échauffer son propre cœur. Au début de sa carrière, il fit une *Adoration des Mages* qui est vigoureusement peinte, mais d'un style horrible. Sa madone est une cuisinière hollandaise, et son enfant avec une vaste bavette est certainement le fils d'un marchand de harengs d'Amsterdam. Malgré sa trivialité, ce tableau a du mérite ; l'exécution en est serrée, et l'accent va jusqu'à la dureté. Plus tard l'artiste adoucira ses teintes, il évitera les fonds noirs pour répandre autour de ses personnages de l'air et de la clarté. Son *Christ sur la croix*, de grandeur naturelle, est une bonne étude, non pas du nu, mais de l'ivoire, car il est évident qu'il a pris pour modèle un Christ sculpté pour quelque prie-Dieu, afin d'en reproduire les tons fermes et le poli. Le bois de la croix est d'une exactitude effrayante ; les veines, les suintements résineux, la couleur rougeâtre du pin verni, se détachent sur les ténèbres. Le sang ruisselle sur les pieds et sur les mains du Christ, ses cheveux pendent sur le côté et se mêlent au sang qui dégoutte de son front. Tout cet appareil lugubre paraîtra repoussant aux âmes délicates, théâtral aux âmes pieuses. Le *Couronnement de la Vierge* est en face et repose les yeux. Il ne faut chercher ni dans les traits de la Vierge une beauté d'un ordre supérieur, ni dans les traits du Père et du Fils qui la couronnent un sentiment très religieux. Destiné à être placé dans l'oratoire de la reine et sans doute assez mal éclairé, ce tableau est peu fait : quoique la touche en soit rapide, l'arrangement du groupe, la tournure des personnages, le grand jet des draperies, frappent le spectateur. Le coloris est délicieux. C'est un véritable tour de force, car l'artiste n'a employé que deux couleurs, le rouge et le bleu ; mais il combine ces deux couleurs avec tant d'habileté, il les fond et les dégrade avec tant de richesse, il obtient des violets alternativement pâles ou foncés d'un effet si harmonieux, il établit la relation de ses tons et de leurs valeurs avec une finesse si exquise, qu'on reconnaît un grand coloriste.

Les sujets d'imagination n'ont point été traités avec plus de succès que les sujets religieux, car la mythologie, qui exige la tradition et le style, attirait Velasquez aussi peu que la Bible. Il est même à remarquer que son principal tableau mythologique, *les Forges de Vulcain*, a été fait à Rome, quand l'artiste subissait l'influence des lieux où il se trouvait, des hommes qui l'entouraient. Guido Reni, le Dominiquin, notre Poussin lui-même, à qui Velasquez commandait des tableaux pour le roi d'Espagne, l'exhortaient peut-être à lutter avec eux dans le genre académique, que les Espagnols ont si peu cultivé. Velasquez représenta les forges de Vulcain au moment où Apollon annonce au malheureux mari qu'il a surpris les amours de Mars et de Vénus. Rien n'est plus froid, et cependant il y a des détails admirables. La composition est faible, sans intérêt, l'effet ridicule. Apollon ressemble à un contemporain de Louis XIV qui va danser un ballet mythologique ; Vulcain paraît trop mériter son infortune malgré ses yeux perçants, interrogateurs, furibonds ; ses compagnons de travail expriment moins un étonnement trivial qu'une parfaite sottise. En revanche, le torse d'Apollon est d'une grande beauté, son geste plein d'éloquence, le corps des forgerons est d'une vérité incroyable. Les détails de la forge, éclairés à la fois par les rayons du soleil qui pénètrent dans l'intérieur et par le brasier que le soufflet active, sont rendus avec une précision qui montre bien que le génie de l'artiste ne se sentait à l'aise qu'en face de la réalité. Le *Mercure tuant Argus* me dicte les mêmes réflexions. Argus, avec sa chemise de bure grise, est un brigand endormi au bord du grand chemin, et Mercure, qui s'avance en rampant sur les mains, est un gendarme qui veut le surprendre ; mais le sommeil d'Argus, sa tête tombant sur la poitrine, l'abandon des bras et des jambes, sont représentés avec un naturel si saisissant, qu'on oublie la mythologie et la traduction vulgaire qu'en donne le peintre pour n'admirer que l'énergie de l'empreinte et ce que j'appelle la griffe du lion. De même le *Mars au repos* est copié sur quelque soldat des gardes wallonnes, mais avec un ton de fresque que ne répudieraient point les maîtres italiens, et surtout avec une singulière grandeur.

J'ai hâte d'arriver aux quatre chefs-d'œuvre de Velasquez, si différents entre eux par les défauts comme par les mérites, d'une originalité éclatante, et qui prouvent ce qu'il eût pu faire avec un protecteur qui ne l'eût pas condamné à rester un peintre de portraits.

Ses *Buveurs* sont les premiers par la date. Un jeune homme nu, qu'il faut bien accepter pour un Bacchus, puisque deux satyres se jouent derrière lui, est assis sur un tonneau ; il couronne un buveur qui s'est agenouillé. Cinq ivrognes, choisis parmi la fleur de la canaille espagnole, entourent le vainqueur, et, le verre en main, se livrent à la joie la plus bruyante. Quelles figures avinées et ignobles ! quelle expression ! quelles poses ! quels haillons ! quelle impudence ! Mais les têtes sont rendues avec une hardiesse et une véhémence de couleur qui les font sortir du cadre. J'ai encore devant les yeux le grand coquin qui se présente de face, coiffé d'un chapeau que je renonce à décrire, et rit au visage des passants avec une gaieté si étourdissante que l'on en croit entendre les éclats. Et le même artiste, après avoir copié ces effroyables truands, allait peindre les figures pales et aristocratiques de Philippe IV ou de l'infant don Carlos ! Ce qui fait supporter un tel sujet et de tels types, ce n'est pas seulement la vérité, c'est une certaine vérité, idéale à sa manière, à force de volonté, d'exécution, de couleur et d'harmonie. On sent je ne sais quelle chaleur qui prouve que l'artiste s'est pris corps à corps avec la nature, et en même temps une fierté de pinceau qui annonce le gentilhomme et rehausse tout ce qu'il touche. Il y a des tableaux de Velasquez que je préfère, il n'y en a point qui soit plus fortement peint. Son Bacchus, devant lequel Praxitèle et Scopas se voileraient le visage, est un type vulgaire, mais bien choisi et merveilleusement relevé. C'est à la fois l'athlète et le viveur, jeune, trapu, d'une élégance roturière, d'une beauté qui se palpe, trempé pour la lutte aussi bien que pour la débauche. Les formes et les chairs sont rendues avec un sensualisme mâle et splendide qui bientôt vous attache, et, l'impression première s'effaçant, on finit, tant l'artiste vous impose son type et vous parle en maître, on finit par trouver que ce type est beau. N'oubliez pas qu'un ciel gris et assombri à dessein se marie avec les tons bruns des vêtements. Sur cette teinte de plomb ressortent sans dureté les têtes des buveurs : comme elles reflètent d'abondantes libations, elles eussent tranché trop crûment sur un ciel bleu.

J'ai déjà dit que le roi d'Espagne ne commanda qu'un seul tableau d'histoire à son peintre. ; ce fut après la prise de Bréda, car les victoires étaient rares sous son règne. *La Reddition de Bréda* est appelée aussi le *Tableau des Lances,* parce que les hautes piques des troupes espagnoles se dressent sur la droite comme une forêt. Devant les lances, les officiers du général Spinola se tiennent immobiles ; toutes les têtes sont graves, tournées de façon à être vues, parce qu'elles sont des portraits. Dans l'angle, Velasquez s'est représenté lui-même, avec un feutre, des bottes et un manteau gris. Son œil est vif, son teint brillant, sa moustache frisée, sa tournure élégante ; on voit qu'il comptait parmi les cavaliers accomplis. Le côté opposé de la toile montre en pendant l'escorte du gouverneur de Bréda. Entre ces deux troupes, un grand vide laisse voir le paysage : c'est là que les deux chefs s'abordent. Spinola a mis pied à terre pour recevoir le prince de Nassau. Sa figure rusée a une telle expression d'affabilité et de bonne grâce, il appuie si éloquemment sa main sur l'épaule du vaincu, qu'on devine qu'il le complimente sur sa belle défense. La scène est simple, conçue largement, traitée de main de maître. Afin de rompre la monotonie des deux groupes, le peintre a laissé au premier plan le cheval de Spinola, et, pour ajouter à tant de hardiesse, il le présente en raccourci.

Charles Ernest Beulé

Assurément une capitulation est un sujet peu fécond, d'un intérêt médiocre, et nous passons d'ordinaire avec indifférence devant la peinture officielle, qui rivalise avec les gazettes. Ici au contraire, rien ne peut rendre le charme qui vous arrête, vous retient, vous ramène et vous retient encore. L'action la plus dramatique n'aurait pas plus de puissance, la peinture la plus voluptueuse plus d'amorces. Tantôt on admire la couleur enchanteresse de cette vaste toile, où les tons, choisis, limpides, harmonieux, prennent par leur juxtaposition une vigueur inouïe ; tantôt c'est le paysage qui se déroule plein de clarté, de fraîcheur, où l'air circule véritablement et donne à la nature cette vie muette qui vous enivre ; tantôt ce sont les personnages, peints avec tant de naturel, saisis dans le vif de leur action, et nous causant le même plaisir que nous causerait une scène représentée sous nos yeux. Il n'y a rien de sacrifié, rien de conventionnel, même dans les effets et dans les ombres ; aucun des artifices permis aux peintres n'a été employé. Tout se montre, tout est interprété, tout se modèle en pleine lumière. Un parti aussi hardi aurait effrayé plus d'un maître. Velasquez en a tiré des beautés si originales et un succès si fier, qu'il est digne de prendre place à côté des plus grands.

Les Fileuses nous ramènent aux tableaux d'intérieur que Velasquez, accoutumé à peindre le portrait en pied, excellait à traiter sur une grande échelle. Le sujet est une manufacture de tapis. Dans une salle fermée aux ardeurs de l'été, cinq fileuses préparent des laines. Des tapisseries sont tendues dans le fond d'une seconde salle, qui communique avec la première par une large arcade, à la façon arabe. Des dames de la cour regardent ces tapisseries et font leur choix, tandis que, par une fenêtre que l'on ne voit pas, un rayon de soleil répand une lumière éclatante sur les derniers plans. Il y a beaucoup à blâmer dans ce tableau, qui ressemble à une ébauche, tant l'exécution de certaines parties est rapide. Les fileuses sont d'un type commun, leur pose est sans noblesse, et quoique le clair-obscur permette de sous-entendre beaucoup de détails, la licence ne va point jusqu'à représenter des pieds sans doigts et des mains si mal définies qu'elles se terminent en pointe de la manière la plus fantastique. Ce double caractère de vulgarité et de négligence imprime aux figures quelque chose de moderne ; nous avons vu souvent leurs sœurs dans nos expositions de peinture ; nous les dirions peintes d'hier, par un de nos contemporains, rapprochement que Velasquez estimerait une cruelle punition, s'il revenait à la vie. Dans l'art en effet, les belles choses gagnent aussitôt vingt siècles : ce qui est lâché ou commun reste la monnaie courante de tous les temps.

Mais si, après un examen forcément sévère, on s'éloigne pour ne considérer que l'ensemble du tableau, les critiques font place au plaisir le plus délicieux. La couleur est divine et chante comme une prairie émaillée de fleurs. Jamais le pinceau de Velasquez n'a été plus jeune, plus délicat, plus étincelant. Ces tapisseries sur lesquelles le soleil se joue, où les amours voltigent au milieu des guirlandes, elles ont un éclat et une douceur infinis. Les murs ont des reflets dorés, les vêtements des dames de la cour s'illuminent dans le rayon qui les atteint ainsi qu'un trait. Rien de chargé ni de précis ; à peine si la brosse a effleuré la toile, à peine si l'huile l'a pénétrée. L'on saisit bien quelques coups de pinceau ou quelques glacis ; mais on doute, tant la main du peintre a été légère, inspirée, rapide. Les tons les plus vifs sont appliqués par touches insensibles ou contrariées ; tout se fond dans le lointain, et la couleur elle-même semble n'être qu'une caresse de la lumière. Dix fois pendant mon séjour à Madrid je me suis replacé devant ce tableau, dix fois j'ai subi le même charme. Je ne crois pas que la puissance humaine ait jamais exprimé à un tel degré cette musique des yeux qu'on appelle l'harmonie des couleurs.

Je n'en dirai point autant d'une autre scène d'intérieur que l'on nomme *les Filles d'honneur (Las Meninas)*. Quoique cette toile soit réputée avec raison un prodige, ce n'est ni par le coloris ni par la grâce qu'elle se recommande. L'aspect en est peu agréable, la couleur triste, tant le génie de Velasquez était capable d'applications diverses, tant il avait ses heures ! D'un autre côté, la science de la perspective, l'étude de la vérité, la précision des détails, l'imitation poussée jusqu'à tromper l'œil, expliquent cette différence radicale dans l'effet. On ne saurait mieux définir l'impression que produit ce tableau qu'en le comparant à un dessin photographique. Velasquez a saisi une salle du palais avec les personnages qui s'y trouvaient groupés, sans s'excepter lui-même ; il en a tiré une épreuve, non pas à l'aide d'une machine, mais par la force de sa mémoire et l'énergie de son pinceau. Cette épreuve a tous les mérites et tous les défauts de la photographie ; la nature y est calquée, mais sans charme. L'on me croira dès que j'aurai décrit le sujet. Un jour le roi Philippe IV et sa femme posaient pour la vingtième fois devant leur peintre favori. Pendant que l'artiste peignait, la petite infante Marguerite était auprès de lui avec ses deux filles d'honneur, qui cherchaient à l'amuser, avec Maria Barbola, naine hideuse qui servait de jouet à la cour. Non loin, le nain Pertusano lutinait un gros dogue, tandis que dans le fond de la galerie Joseph Nieto, quartier-maître de la reine, et dona Marcella de Ulloa, religieuse et dame d'honneur, causaient ensemble. Le roi fut frappé du tableau qu'il avait sous les yeux, il pensa qu'il prêtait à la peinture, il demanda à Velasquez s'il pourrait le reproduire. Il fut reproduit, sans omettre le grand chevalet qui occupe presque toute la hauteur de la composition, sans omettre un gentilhomme qui entr'ouvre une porte par laquelle se précipite un flot de lumière. Enfin, pour faire comprendre que Philippe IV et sa femme sont les spectateurs de cette scène intime, leur image est reflétée dans une glace ; elle explique une composition renversée d'une manière aussi bizarre, puisque le peintre et ses modèles sont sur le même plan et regardent également le public : or, dans le principe, le public c'était le roi et la reine qui posaient.

On voit combien le mot de photographie, que j'ai employé tout à l'heure, s'applique justement. Il faut même donner à cette comparaison toute sa portée, pour faire sentir l'incroyable tour de force accompli par Velasquez. Luca Giordano, amené par Philippe IV devant cette œuvre, s'écriait : « Sire, c'est la théologie de la peinture. » Les modernes pourraient dire plus simplement : « C'est la photographie de la peinture. » Breughel, Téniers, Gérard Dow et les Flamands les plus minutieux n'ont jamais produit une telle illusion. Les figures sont de grandeur naturelle, et l'imitation est poussée à un tel degré de réalité qu'on croit assister à une représentation sur un théâtre. De semblables beautés frappent trop directement la foule pour qu'il soit nécessaire d'y. insister. Elles émeuvent moins ceux qui pensent que l'art est quelque chose de plus que la nature, et que l'artiste ne doit pas rivaliser de fidélité avec un miroir. Il est certain que rien ne donne mieux la mesure de la puissance d'un peintre. Si notre plaisir est moins pur, notre admiration grandit.

On raconte que la croix de Saint-Jacques qui décore la poitrine de Velasquez fut tracée par Philippe IV lui-même. Le tableau terminé, le peintre demanda à son souverain s'il était satisfait : « Il manque encore une chose, » répondit le roi, et, prenant le pinceau des mains de Velasquez, il alla peindre sur son image la croix rouge de l'ordre. Ce trait honore Philippe IV. Pourquoi son amitié n'était-elle point éclairée autant que délicate ? Pourquoi plutôt Velasquez n'a-t-il pas vécu sous Charles-Quint ou sous Philippe II ? L'histoire contemporaine lui aurait offert des pages glorieuses et les princes lui eussent tracé une tâche plus digne de son génie, tandis qu'il a subi, au milieu d'une cour sans grandeur, les sujets de circonstance, accepté les sujets faciles, pris le goût des portraits, travail aimable qui se fait en causant avec les modèles, et qui détourne trop souvent du labeur fécond et des luttes solitaires. Du moins avons-nous cette consolation qu'il est devenu, dans l'art du portrait, un maître de premier ordre.

Je passerai plus rapidement sur ses portraits en buste, parce qu'ils présentent les mêmes qualités et moins de richesse que ses personnages en pied ou à cheval. Arrêtons-nous néanmoins, dans le Salon d'Isabelle, devant ce sculpteur que l'on appelle à tort Alonzo Cano. Le pourpoint noir est si simple qu'il paraît à peine exécuté ; la tête que tient le sculpteur et qu'il ébauche est indiquée par deux traits, la toile n'est même pas couverte à cet endroit ; le fond du tableau n'est qu'une teinte neutre, jetée comme au hasard. D'où vient donc l'incroyable vigueur de cette image, qui sort du cadre, s'impose au regard, et prend un relief, Un éclat, une intensité qui est la vie elle-même ? Elle a des voisins redoutables, tels que le *Thomas Morus* de Rubens, le *comte de Bristol* de Van Dyck, qui s'est représenté à côté de son noble ami, et un autre portrait, chef-d'œuvre de Tintoret ; mais oserai-je le. dire ? ces voisins, elle les écrase. Van Dyck paraît trop rose et trop pâle, Rubens semble avoir emprunté à une torche le reflet qui dore son personnage ; Tintoret, avec ses belles pâtes vénitiennes, sent aussi la convention. La nature, la vérité et la lumière sont avec Velasquez. On croirait qu'un jour particulier tombe sur ce tableau ; on cherche si une ouverture dans le plafond ne répand pas sur lui seul ces clartés qui vivifient la chair. Quels secrets possède donc le peintre ? quels procédés emploie-t-il ? Secrets et procédés, tout lui est personnel, tout échappe à l'analyse, parce qu'il est conduit par un instinct divin. De près, le visage paraît confus et peint grossièrement ; on y voit de petits points noirs, des taches, des éclaboussures de pinceau, des traits capricieux qu'on ne s'explique pas : éloignez-vous, tout se fond, se purifie et resplendit. De près les moustaches semblent faites d'un bloc, elles tombent sur les lèvres comme une muraille : écartez-vous, elles deviennent transparentes, fines, laissent percer les formes du menton et des lèvres, on en compterait presque les fils argentés. De près, la main est empâtée d'une façon extraordinaire, grossière, sans contours arrêtés : de loin, elle se compose, s'anime par la distance, se modèle par la couleur, elle est pleine de mouvement, elle parle.

Aucun artiste n'a poussé aussi loin que Velasquez le mépris des accessoires, je me trompe, l'art de les mettre à leur place et de les faire servir à l'harmonie générale de son œuvre. C'est un sacrifice qui coûte à beaucoup, parce que le vulgaire n'y voit que de la négligence ; mais c'est un sacrifice qui contribue souvent à la beauté d'un portrait. La tête et les mains, c'est-à-dire le sujet, paraissent d'autant plus finies et plus saillantes que le reste du tableau est plus incertain ou atténué. De même que certains peintres répandent sur leurs accessoires des teintes sombres et de véritables ténèbres, Velasquez traitait les siens avec une rapidité manifeste. Je n'assurerais point qu'une indolence naturelle et le désir d'abréger le travail n'y trouvassent leur compte ; mais la peinture y trouvait aussi le sien. On en verra un exemple dans une des deux salles où les écoles espagnoles sont réunies. C'est le portrait d'un guerrier couvert d'une armure damasquinée d'or ; son casque et ses gantelets sont déposés devant lui. L'armure est exécutée à la hâte, le damasquinage indiqué avec autant d'aisance que sur un décor d'opéra ; l'or et le fer n'ont qu'un éclat éteint par le pinceau ; çà et là quelques traits légèrement frottés donnent les reflets ; une écharpe d'un violet passé produit une harmonie charmante. La tête se détache sur un rideau rouge, mais d'un rouge assombri, sous lequel perce le noir, et qui s'éclaire sourdement ; un pan du rideau se relève et laisse voir un ciel gris. Au milieu de ces accessoires, peints avec autant de négligence que de justesse d'effet, brille une figure aimable, persuasive, spirituelle, à laquelle des cheveux gris prêtent encore de la douceur. Le front est élevé, et l'intelligence l'éclairé, les tempes et les pommettes des joues sont délicieusement modelées, les yeux sont beaux et baignés de rayons, la bouche est prononcée, les lèvres sont fraîches, humides, et feraient envie à Rubens. Mais le personnage aurait-il autant d'éclat, si l'éclat des détails eux-mêmes ne lui eût été subordonné et peut-être sacrifié ?

Quelquefois le talent souple et tout imprévu de Velasquez reçoit d'un sujet une impression qui change sa manière. A-t-il à peindre une vieille femme dévote et déjà penchée vers la tombe : il a recours aux tons obscurs ; il rivalise avec Rembrandt. Lui aussi, quoique par exception, il sait préparer les fonds noirs, et modeler dans l'ombre un corps qui fuit, un pli qui s'efface. Il donne à son modèle une expression touchante de résignation, de piété, de vérité tranquille. Ses chairs sont pâles et presque livides, sans avoir rien de repoussant, mais plutôt à la façon de l'ivoire vieilli. Le teint est à la fois maladif et reposé : la mort est voisine, non sans un dernier sourire de la vie. Les mains, dont l'une est dégantée, sont croisées paisiblement autour d'un livre de messe. Une coiffe à demi transparente couvre le front et un crâne qui doit être chauve, mais qui est noblement déguisé. Toutefois, sous ce linon, la tête laisse percer ses contours, l'oreille donne ses profils, les tempes se modèlent, sans minutie, largement. Les joues, qui tombent un peu sous le poids des années, la bouche, d'où les rides n'ont point chassé la bonté, l'œil pensif, qui se prépare à s'éteindre, tout est sérieux, touchant ; il n'est pas jusqu'au ton bistré dont s'éclaire le visage de la vieille femme, qui ne rappelle la lumière discrète de l'église où elle va prier.

Les portraits en pied sont principalement les portraits de la famille royale, et, prises dans leur ensemble, ces images d'une race qui dépérit laissent aux plus indifférons une impression de tristesse. Ce que Van Dyck fut pour les Stuarts, Velasquez l'avait été pour la maison d'Autriche. Peintres des grandeurs déchues, tous les deux ont le secret de la dignité mélancolique et des fières pâleurs. En effet, le sang royal ne peut se démentir jusqu'au bout : il se rattache par quelque effort suprême aux traditions d'une longue suite d'ancêtres. En face du bourreau, il retrouve l'héroïsme ; au sein de l'abaissement, il sait descendre avec orgueil. Philippe IV perdit successivement le Roussillon, la Catalogne, le Portugal, les Flandres, sans tirer l'épée, mais sans que son visage trahît la moindre émotion. Indolent, dévot, ami des plaisirs, ayant pour les arts et les lettres le goût qu'inspirent des distractions délicates, l'idée de la royauté fut sa seule conviction profonde. Il sentait à chaque heure du jour qu'il était le représentant du droit divin sur la terre, et se comportait avec une gravité propre à imposer aux peuples. Jamais on ne le vit sourire : l'étiquette pompeuse et froide régnait à sa cour, et je ne doute pas qu'il n'ait servi de modèle, en cela du moins, à son gendre Louis XIV. Aussi Velasquez dut-il se borner à reproduire cette figure impassible, qu'il peignît le roi dans son palais ou dans son oratoire, à cheval ou en costume de chasse ; mais, tout en copiant ses yeux fixes, ses traits raides, ses lèvres pesantes, sa moustache frisée, ses cheveux clairs, sa complexion appauvrie, il y ajoutait quelque chose de ce que nous appelons la morgue espagnole. Cette hauteur qui se surfait à elle-même ce qu'elle vaut et déclare aux autres que rien ne peut l'atteindre n'est pas la majesté vraie, mais elle en tient lieu. Outre la grande tournure qu'il imprimait aussitôt à son personnage, l'artiste le réchauffait encore par la noblesse des poses. Il exécutait les mains avec soin ; il les faisait belles, fines, aristocratiques autant que Van Dyck. Cela frappe surtout dans le portrait qui représente le roi debout, vêtu de noir, tenant une lettre. Je louerai avec plus de réserve celui qui le montre dans son oratoire, à genoux, mais ne priant point, étudiant sa pose bien plus qu'il ne pense à Dieu. C'est un spectacle qui choque et qui glace. Là cependant la tête est admirablement peinte.

On retrouve la même noblesse d'attitude et des mains délicieuses dans le portrait de l'infant don Carlos. Debout, la jambe tendue, tenant son feutre noir et le doigt d'un gant qu'il laisse dédaigneusement pendre, il annonce, plus que son frère Philippe IV, la fierté du sang royal et la raideur castillane qui le rendaient cher aux Espagnols. L'artiste l'a embelli, parce que son flegme est adouci par les grâces de la jeunesse. L'ennui qu'exprimait son visage se transforme en tristesse et vous touche : comme il fut enlevé à vingt-six ans, nous croyons reconnaître le sceau précoce de la mort. Du reste, avec quelle variété de talent Velasquez n'a-t-il pas traité toute la famille du roi, et son autre frère, le cardinal-infant, qui voulut être peint en chasseur, et sa première femme,

Isabelle de Bourbon, montée sur sa haquenée, et sa seconde femme, Mariana d'Autriche, type ingrat qui faisait un contraste avec la beauté de la fille de Henri IV, et le petit prince des Asturies, si frais, si rose, mais qui ne devait point dépasser sa dix-septième année, et l'infante Marguerite, tant de fois répétée, dont l'image est populaire dans toute l'Europe !

Cependant l'artiste se délassait de la contrainte que lui imposaient les portraits officiels en peignant des modèles qui lui laissaient plus de liberté ou flattaient sa fantaisie, témoin ce vieux capitaine d'arquebusiers (peut-être était-ce un grand-maître de l'artillerie) dont le nom est aujourd'hui perdu, mais que désignent une cuirasse, une arme à feu et quelques boulets épars à ses pieds. Son costume, d'un violet passé, a fait bien des campagnes ; soyez sûr que Velasquez le préférait aux étoffes les plus splendides pour en tirer les harmonies où il excellait. Sa canne, son petit chapeau noir surmonté d'une plume, l'expression fine, concentrée, pénétrante du visage, sa laideur même, tout laisse sa marque, et la personnalité du modèle est si énergiquement rendue que vous l'aurez longtemps devant les yeux. Une autre fois, c'est un acteur que le peintre choisit ; il le met en scène, se balançant sur ses jambes, étendant une main éloquente, tandis que l'autre main presse contre sa poitrine les plis du manteau court. Les yeux brillent, les lèvres s'agitent, la physionomie tout entière travaille, la bouche lance les paroles : ce n'est pas seulement la vie, c'est l'action prise sur le fait. Rencontre-t-il un de ces mendiants qui ont été de tout temps la gloire de l'Espagne, hardi, cynique, prêt à tout, se drapant dans son manteau déchiqueté, le feutre sur les yeux, le nez rouge, la bouche caustique : il l'emmène chez lui, le copie et écrit en grandes lettres sur sa toile le nom de *Menippus*. Entre-t-il, au contraire, chez quelque savant de ses amis, sale, en désordre, poussant l'oubli des choses de ce monde jusqu'à ne point porter de linge, du reste tête intelligente, énergique, à l'œil observateur, aux pommettes saillantes, au front bien planté, laideur repoussante et spirituelle : il le supplie de se laisser peindre tel qu'il est, avec sa robe de chambre pour unique vêtement, la main passée dans la ceinture, l'autre tenant un livre, et sur la toile il écrit le nom d'*AEsopus*. C'était sa façon de comprendre l'antique.

Ce goût du trivial ne doit pas nous étonner chez Velasquez : il est dans le génie espagnol, extrême en toutes choses, capable d'aimer à la fois ce qui est bas et ce qui est sublime. La littérature offre plus d'un exemple de cette alliance ; en cela, elle n'est que l'expression du caractère national. C'est pourquoi Velasquez semble s'être prêté sans répugnance à une mode de son temps, lorsqu'il a peint, les nains et les bouffons qui divertissaient alors la cour. Il les a peints de grandeur naturelle, comme tous les personnages que je viens de citer, et sa verve est aussi souple que soutenue en face de ces monstruosités. Ici, il assied sur le sol un nain hideux, trapu, à la tête carrée, vigoureux comme un portefaix, et il emploie à le colorer toutes les ressources de sa palette ; là, il en représente un autre habillé et empanaché comme un courtisan, avec une perruque gigantesque, le feutre en main, et s'appuyant sur un chien aussi grand que lui. Plus loin, en voici un qui se coiffe sur l'oreille d'un air provocateur ; il tient une plume et feuillette un gros livre, comme s'il y cherchait des arguments pour foudroyer son adversaire. Ses petites mains sont nerveuses, son visage pointu, son front haut ; de chétives moustaches ne peuvent cacher sa bouche réfléchie et pleine de rancune. Hélas ! ce pygmée de la science serait-il la satire de certains savants et le symbole de leurs discussions stériles ? Quelquefois le sentiment combat l'ironie. Par exemple, arrêtez-vous devant ce nain accroupi et vêtu de noir, avec un col et des manches de dentelle : son poing est appuyé sur la paume de son autre main, il vous regarde et rit d'un rire triste où l'amertume se mêle à une nuance d'idiotisme, comme si la souffrance naissait du ridicule. La sensibilité est chose si étrangère au talent de Velasquez qu'il faut croire qu'il a trouvé cette opposition dans l'expression naturelle de son modèle. Du reste, il copiait la nature avec une telle vérité qu'on reconnaît encore en Espagne certains types qui se sont perpétués, et devant lesquels on s'arrête subitement, comme lorsque l'on rencontre dans la rue l'original d'un portrait. Je me promenais un jour à Grenade dans le quartier qui fut jadis le quartier arabe. Sur le seuil d'une masure en ruine, un enfant était assis et regardait les passants, bouche béante. Son visage et sa pose exprimaient la paresse la plus profonde, le bonheur de vivre, l'insouciance de l'animal et l'extase de l'idiot. Cet enfant, c'était trait pour trait un tableau de Velasquez qui est au musée de Madrid, et qu'on nomme *l'Enfant de Ballecas, el niño de Ballecas.*

J'ai gardé pour la fin les deux genres où Velasquez me paraît incomparable, les portraits équestres et le paysage. Il est difficile de les séparer l'un de l'autre, parce que les cavaliers sont nécessairement en plein air, et parce que Velasquez n'a conçu le paysage qu'au point de vue de l'homme, c'est-à-dire comme cadre de ses personnages. On citera de lui, je le sais, d'excellentes études qui prouvent qu'il copiait en maître la nature morte aussi bien que la nature vivante, et qu'il appliquait à tous les objets sans distinction le don merveilleux qu'il tenait du ciel. *La Fontaine des Tritons* et *la Visite de saint Antoine à l'ermite saint Paul* sont de ce nombre ; mais c'est surtout dans les vastes toiles au milieu desquelles le peintre place ses portraits que je saisis sa manière originale et grandiose de traiter le paysage, car il se rapproche bien plus que ses rivaux, et de la réalité, et de l'idéal tout ensemble : de la réalité pour le parti-pris de composition, de l'idéal pour la couleur. Ainsi c'est un artifice légitime de recourir aux lois de la perspective pour diminuer les objets, pour rapetisser la nature en l'éloignant, de sorte que le héros lui-même en paraisse plus grand. Velasquez ne veut rien de pareil. S'il met un arbre, le tronc aura sa dimension relative, et l'on ne verra que les premières branches au sommet du cadre ; s'il y a un fossé, il aura sa largeur, et remplira tout un côté du premier plan ; s'il y a une chaîne de montagnes à l'horizon, elle ne sera pas reculée de façon à se voir tout entière, mais rapprochée au contraire, afin de ne donner qu'une seule de ses parties, qui aura plus de corps, plus de détails, plus d'importance. Malgré cela, les personnages, au lieu de paraître plus petits, se rehaussent et dominent tout ce qui les entoure, comme ces vainqueurs qui recueillent d'autant plus de gloire que les vaincus sont plus grands. Quant à la couleur, elle est divine, elle est une création de Velasquez, et jamais la peinture d'histoire et de style n'a trouvé une plus idéale interprétation de la nature. Il est impossible de faire comprendre à l'aide des mots une beauté que le regard lui-même peut difficilement analyser. Analyse-t-on l'air ? analyse-t-on le souffle de la brise ou le rayon du soleil ? Pour entrevoir le charme des paysages de Velasquez, il faut se rappeler les tons effacés des peintures de Pompéi, ou certaines décorations arabes dont le vert et le bleu donnent la gamme principale ; il faut songer à tels tableaux de la première manière de Raphaël ou à des Francia qui ont poussé au vert ; il faut regarder les faïences de l'Orient, les porcelaines chinoises de la *famille verte*, les émaux, et surtout nos vieilles tapisseries, où le ciel est plutôt vert, où la verdure est plutôt bleue, et l'on concevra peut-être de quelles harmonies dispose ce puissant coloriste. Rien n'est plus faux, mais rien n'est plus beau, car tous les peuples qui ont eu le sentiment de la couleur et qui ont pratiqué ses plus hardies conventions justifieraient ma théorie.

C'est le paysage qu'on admirera dans les portraits de Philippe 111 et de la reine Marguerite, que Velasquez n'avait point connus, dont il emprunta la ressemblance aux portraits de Pantoja de la Cruz, leur contemporain, et qu'il représenta à cheval tous les deux par un effort d'imagination. Le paysage n'est pas moins admirable dans le portrait d'Isabelle, première femme de Philippe IV. La composition est froide ; il faut avouer qu'une belle personne fardée, en toilette de gala, assise sur une haquenée blanche qui va le pas, couverte d'une épaisse robe de brocart qui tombe sur ses pieds et cache l'arrière-train de la monture, prête peu au mouvement. Mais c'est dans le portrait de l'infant don Balthazar, fils de Philippe IV, que Velasquez se révèle tout entier. L'infant, âgé de sept ou huit ans à peine, est sur un petit cheval à tous crins : il est pris de trois quarts, presque de face. Lancé au galop, il arrive sur le spectateur avec un élan, une fougue, un aplomb qui le fait ressembler au dieu Apollon fendant les airs. Il tient un bâton de commandement, et le peintre a donné à ses traits une fierté, à son œil un feu, à sa bouche un accent de volonté sérieuse qui le ferait croire déjà prêt à régner. En même temps la jeunesse garde ses droits : joyeux de courir, animé par l'action, il boit l'air qui fouette son visage et livre au vent sa blonde chevelure. Mais comment décrire la ravissante couleur de ce tableau ? Y a-t-il même des couleurs ? Je cherche, je ne vois que du gris, du brun, des teintes neutres, des nuances fugitives, et cependant une incroyable vigueur. Il y a bien une petite écharpe rose, mais si petite et d'un rose si effacé ! Il y a une frange d'or, mais l'or est éteint et se fond avec la lumière du jour. Que de fines touches ! quel instinct de toutes les délicatesses ! quel sentiment de la couleur plus élevé, plus pur, plus *éthéré*, si l'on me pardonne ce mot, que ne l'ont eu les Flamands et peut-être les Vénitiens ! Le paysage est d'une fraîcheur qui donne le frisson de la réalité, et d'une poésie qui répond à ce que l'on rêve.

Ses éléments sont cependant très simples, une colline, un peu de plaine ; dans le fond, des montagnes bleuâtres dont la cime est légèrement semée de neige : c'est le Guadarrama, qui s'étend au nord de Madrid comme une muraille ; mais les montagnes sont d'un bleu qui se fond si naturellement avec le ciel, cette plaine est d'un vert qui s'allie si bien avec le bleu, ce ciel est d'une teinte azurée qui se marie si doucement avec la verdure, que nos yeux se réjouissent autant que nos oreilles se réjouiraient, si un musicien leur faisait entendre les accords les plus exquis.

De tous les portraits de Philippe IV, le plus vanté est celui qui représente le roi de profil, revêtu d'une cuirasse, enlevant un cheval andalou et justifiant le titre de premier cavalier d'Espagne que les courtisans lui avaient décerné. Ce portrait mérite sa réputation ; mais j'avoue qu'il fait sur moi beaucoup moins d'impression que celui du comte-duc Olivarès. On n'en a point jugé autrement à Madrid, puisque dans le Salon d'Isabelle, qui est pour le musée ce que la *Tribune* est pour le Palais-Vieux de Florence, on n'a pas osé, malgré les conseils de la flatterie, placer Philippe IV comme le chef-d'œuvre de Velasquez : on y a mis Olivarès. Du reste, quel que fût l'attachement du peintre pour son royal ami (si toutefois il est votre ami celui qui est votre maître), il ne professait pas une moindre reconnaissance envers le ministre qui l'avait présenté au roi, et qui demeura son appui tant qu'il fut au pouvoir. Olivarès, sans être un grand homme, offrait assurément un modèle plus digne d'inspirer un artiste.

Il est porté par un andalou bai-brun, puissant cheval de bataille, comme on les aimait encore à cette époque. Le cheval, vu en raccourci, se cabre et fuit en présentant la croupe au spectateur. Le duc présente le dos aussi, mais de trois quarts, tandis que sa tête se retourne par un mouvement hautain ou plutôt héroïque, et montre un visage habitué à commander. Il semble marcher en avant de son armée, regarder si ses soldats vont à l'assaut avec lui et leur désigner l'ennemi. Un fossé en talus annonce en effet une place de guerre, et le comte étend son bâton de général avec un geste d'empereur romain. Son attitude est si fière, son expression si calme, son œil si impérieux, sans dureté, il est enlevé par un élan si grandiose que le groupe paraît colossal et prêt à être coulé en bronze. Les vêtements eux-mêmes ont cette harmonie muette que notre personnalité communique aux objets qui nous touchent. Ils sont d'un homme de guerre ; les couleurs en ont été adoucies, l'or des harnais éteint, le ton de l'écharpe atténué, et cependant tout est en pleine lumière, tout ressort avec un merveilleux relief. Le paysage est d'une simplicité antique : un tronc de peuplier blanc, quelques feuilles qui s'agitent au sommet du cadre, des collines dont les teintes bleues se fondent avec le ciel. Mais on se sent en rase campagne, on respire un air véritable, on entend le souffle de la brise, on subit je ne sais quelle étreinte de la nature qui vous transporte loin des villes et des musées. Entre ce cavalier et nous, il y a une atmosphère réelle, palpable, lumineuse, qui l'entoure, l'éclaire, le vivifie. « Velasquez sait peindre l'air, » disait Moratin. Ce n'est point une phrase, c'est l'expression la plus juste de la puissance du peintre et de l'effet que son œuvre produit sur nous. Dans le Salon d'Isabelle, il y a deux autres portraits équestres de même grandeur, — l'un de Charles-Quint par Titien, l'autre de Philippe II par Rubens. Pourquoi n'oserais-je point dire que Velasquez l'emporte et sur Rubens et sur Titien ? Le Philippe II paraît un nain auprès du grand Olivarès ; la Renommée qui le couronne devient une froide allégorie ; son cheval semble sans vie auprès de l'andalou fougueux ; on trouve le paysage confus, le ciel terne. Charles-Quint soutient mieux la comparaison, mais pour être également vaincu. Son cheval est élégant et bien lancé, mais sans relief, perdu dans un fond sombre et sacrifié aux conventions commodes du clair-obscur. Lui-même, la lance au poing et l'arme en tête, galope avec une allure de reître ; son mouvement a si peu de noblesse qu'il touche au ridicule et rappelle don Quichotte s'apprêtant à charger. Assurément c'était la faute du modèle : le rusé politique n'était point un centaure ; mais le peintre devait, surtout dans une composition aussi libre que l'est un portrait équestre, donner à Charles-Quint la grandeur qui lui manquait. Le paysage est d'un ton chaud et nuit par cela même à l'unité d'impression : le personnage se détache avec plus d'incertitude sur un ciel jaune et gris, sur des montagnes brunes et bleues, sur des terrains rouges et verts. Aussi Olivarès écrase-t-il ses deux rivaux : c'est lui qui apparaît en roi.

Velasquez est donc un maître, et dans le portrait il tient le premier rang. D'autres offrent des lignes plus pures, d'autres un style plus sévère, d'autres un coloris plus suave : aucun ne saisit comme lui un personnage pour le faire vivre, agir, respirer devant vous. En même temps quelle tournure il lui donne ! Comme il a le secret de cette fleur d'insolence et de ces belles rodomontades dont, à nos yeux, l'hidalgo castillan est le type ! Mais ce qui me touche et m'émeut par-dessus tout, c'est son incroyable originalité. L'Espagne, en peinture comme en littérature, n'occupe une place dans le monde ni par ses découvertes, ni par la recherche des principes, ni par la suite des traditions : elle brille par les personnalités et ces personnalités sont des exceptions. Chez elle, le mot *école* n'a guère de sens. Calderon, Lope de Vega, Cervantes ont trop d'originalité pour faire école ; de même, en peinture, Velasquez n'a ni ancêtres, ni successeurs.[1] En vain on nomme ses professeurs, que ce soit Herrera, Pacheco, ou Tristan ; en vain l'histoire raconte qu'il a travaillé avec Rubens, qu'il a étudié Raphaël et Michel-Ange : cette nature riche et inflexible ne relève que d'elle-même. Si les bons exemples ne l'ont point séduite, les influences mauvaises ont été impuissantes à la corrompre. Velasquez a passé toute sa vie à la cour, heureux, choyé, magnifique, courtisan surtout, c'est-à-dire acceptant tous les sujets, peignant des chiens favoris, des monstres, des manufactures, des reines fardées, de tristes figures de rois ou de princes dont le sang appauvri se glaçait avant l'âge. Malgré cette contrainte, je dirais presque cette domesticité déguisée, au sein d'une vie facile qui conseillait la négligence, si elle ne l'imposait pas, au milieu des plaisirs qui détendent les doigts du peintre et énervent sa volonté, Velasquez est resté lui-même, soutenant son pinceau à la hauteur qu'il a choisie, fidèle à ses fiers instincts, soignant ses œuvres à sa façon et ne laissant rien affaiblir de leur caractère.

L'habitude du portrait, conçu comme il le concevait, affermissait encore son originalité native. Le genre religieux ou historique conduit le peintre à se former un certain idéal et à jeter ses figures dans un même moule. Murillo répète sans cesse le type andalous ; les vierges de Raphaël sont sœurs ; une tête de Léonard de Vinci

---

1 Mazo, gendre de Velasquez et son élève, n'a rien, quoi que disent les biographes espagnols, du talent de son beau-père. Ses paysages le recommandent surtout à l'attention, mais ce sont des vues générales, à la façon de Canaletto, que l'on ne peut même pas comparer aux paysages de Velasquez. Quant à Paréja, esclave affranchi, puis disciple du grand peintre, ses œuvres attestent qu'il imitait les Vénitiens.

ou d'André del Sarto les fait reconnaître et vaut une signature. Velasquez n'a copié que des individualités. Son idéal varie autant que varient les sujets : rois, ministres, généraux, princesses, nains difformes, vieilles femmes, soudards, mendiants, sont pour lui une manifestation nouvelle de la nature avec laquelle il veut lutter corps à corps. L'absence de type général est une condition de plus d'originalité. De cette diversité ressort une seule figure, celle de l'artiste, avec sa façon de voir ses modèles, de les interpréter, de nous imposer ses impressions avec une netteté incisive et une énergie qui nous pénètrent. En regardant Philippe IV, Olivarès ou l'infant Balthazar, c'est Velasquez que je sens, c'est à Velasquez que je pense, et j'emporte dans mon souvenir l'image chaque fois plus vive de sa personnalité.

Examine-t-on ses procédés : ils sont bien à lui, en dehors des traditions et des règles. Tout est instinct, audace, habileté de main, souplesse qui se conforme aux sujets, improvisation qui change selon les heures. L'artiste cherchait à produire l'illusion par tous les moyens, ici par un jet rapide et léger qui rappelle les qualités d'une ébauche, là par un empâtement vigoureux, presque toujours par des touches délicates, effacées, qui n'appartiennent qu'à lui. À distance, ses paysages, ses vêtements, ses accessoires trompent l'œil par leur éloquente vraisemblance. Si l'on s'approche, tout se trouble, se confond, disparaît : on croit avoir été le jouet d'un mirage. Aussi n'a-t-il jamais pu être imité. Les plus grands peintres ont non-seulement des élèves, mais des imitateurs qui leur dérobent une partie de leurs secrets. Sébastien del Piombo peut être pris quelquefois pour Michel-Ange, Luini pour Léonard de Vinci, Jules Romain pour Raphaël, Jordaëns pour Rubens ; mais personne n'a pu suivre les traces de Velasquez. Dans aucun musée, on ne rencontrera de tableau avec cette étiquette : *école de Velasquez*. S'il y a plusieurs répétitions du même personnage, elles offrent toutes des variantes, elles sont toutes de lui. Or l'originalité est la première condition du génie ; il est vrai qu'elle n'est pas la seule.

Il manque, par exemple, à Velasquez un sentiment plus élevé de la forme, la passion du beau et l'art de le dégager des imperfections du modèle. C'est dire qu'il n'a pas cette science du dessin qui constitue le grand style. Il a un style à lui, qui est le plus original du monde, mais qui n'est pas le grand style : je n'y reconnais pas ce trait surhumain qui purifie les œuvres de Raphaël. La ligne est pour Velasquez la résultante des impressions colorées. Il ne fait point d'abstraction, comme le sculpteur qui dépouille le corps de ses apparences lumineuses pour en mieux saisir les lignes. Ce qu'il rend au contraire, c'est le contour indécis, flottant, chatoyant, tel que le font paraître les couleurs, le jeu des tons, les alternatives d'ombre et de lumière, le caprice des muscles, le hasard des poses et l'abandon familier de la vie. À force d'être vrai, son dessin ne l'est plus ; à force de copier la nature, il s'en éloigne, parce que l'art, ne disposant pas de moyens capables de l'égaler, doit l'interpréter et la corriger au besoin, pour lui opposer une convention plus belle. Velasquez est conduit à dessiner des mains goutteuses, comme dans quelques portraits, ou pointues, comme dans *les Fileuses*, parce que la lumière, en se jouant, exagère ou diminue les contours. Il est conduit à faire des genoux sans rotules ou des pieds sans doigts, comme dans *les Forges de Vulcain*, parce que l'ombre portée efface des détails que la science du peintre doit rétablir. C'est là recueil des réalistes, c'est là qu'éclate leur infériorité. De même que dans une littérature nous plaçons les poètes plus haut que les prosateurs, de même, dans la peinture, le grand style passe avant l'imitation la plus exacte de la nature.

La ligne pure est en effet une création aussi bien que la poésie. Dans la réalité, elle n'existe pas : les corps ne sont pas circonscrits comme une figure de géométrie, ils tournent, et la lumière tourne avec eux. La ligne écrit plus qu'elle ne modèle ; c'est une limite précise, une séparation des corps avec l'air ambiant. Les grands dessinateurs ont voulu rendre cette limite qu'ils traçaient aussi noble que possible ; ils se sont dit qu'elle charmerait les yeux par les beautés les plus persuasives ; ils en ont fait l'enveloppe de grâces célestes et d'ineffables attitudes. Or ces formes sont convenues, voulues, rythmées : ce sont les vers. Les réalistes, au contraire, sont des prosateurs ; mais la prose compte des Bossuet pour peindre Turenne ou Condé, des Sévigné et des Saint-Simon pour peindre les courtisans, des La Bruyère pour peindre les difformités morales. Ces peintres cherchaient, aussi bien que Velasquez, à saisir sur le vif les détails des physionomies, et leur style n'était que l'instrument destiné à graver avec plus d'énergie les portraits. Qu'on ne me reproche point d'avoir nommé Bossuet, qui ne prêtait à ses figures que des beautés héroïques, dignes de la postérité, car Velasquez, lui aussi, a des tons plus sublimes, et sait atteindre parfois à la véritable grandeur. Il n'ajoute pas aux traits de ses personnages, mais il les recompose avec une singulière puissance. Il les formule tels qu'il les a vus, à leur moment le plus heureux, dans leur jet le plus hardi, avec la pose la plus majestueuse ou la plus aisée, en plein air, avec le cadre d'une belle nature, sur le cheval qui se cabre, avec le bras qui commande, la voix qui tonne, l'œil qui brille. Or le souvenir est une forme rétrospective de l'idéal. Les voyageurs savent bien que les lieux qu'ils ont visités grandissent par le souvenir, de même que ceux qu'ils doivent parcourir grandissent par l'espérance. Velasquez écrit en prose ; mais, pour le portrait du moins, il est le premier des prosateurs.

Enfin, si nous le considérons comme coloriste, c'est là surtout que nous le jugerons inimitable. Dans les commencements, sa palette était assez noire : il ne craignait point de laisser dans ses tableaux des parties obscures qui ne servaient qu'à faire mieux ressortir les parties principales : artifice légitime, mais facile, auquel les autres peintres espagnols ont trop souvent recours. De bonne heure, Velasquez rejeta ce procédé, qu'il estimait vulgaire ; comme les maîtres, il voulut que dans ses œuvres tout fût clair, sensible, interprété, rendu, et en pleine lumière. Ne sacrifia-t-il pour cela rien de la perspective, et laissa-t-il leur relation juste aux plans, aux personnages, aux accessoires ? C'est ce que je n'oserais toujours affirmer. Cependant il faut tenir compte des difficultés suprêmes que rencontre l'artiste qui, au lieu de recourir au jour oblique et à l'ombre portée de l'atelier, veut représenter les objets en plein air, sans soleil, c'est-à-dire sans projection, et tels que la lumière diffuse les éclaire. Jean Bellin et d'autres Italiens du XVe siècle, Raphaël dans sa première manière, Albert Dürer dans certains tableaux, ont fait des prodiges dans ce genre ; mais Velasquez a été plus loin encore, parce qu'il a voulu que ses figures fussent éclairées d'un jour vrai. Chaque peintre a sa convention, et donne au visage humain une lueur qui lui est propre. Raphaël répand sur les traits du comte de Castiglione ou de César Borgia les ardeurs du soleil ; Rubens a des lis et des roses, Léonard de Vinci des tons olivâtres, Titien des pâtes dorées, Van Dyck de suaves pâleurs.

Je ne parle pas des peintres d'un ordre inférieur, qui supposent l'éclat factice d'une torche et en copient les reflets. Velasquez ne voit que les apparences réelles. Si ses chairs sont blanches, c'est parce qu'elles se pénètrent de la blancheur du jour ; ce n'est pas le sang qui les anime, c'est la lumière qui se masse ou se joue sur l'épiderme. Il ne cherche ni le clair-obscur ni les simplifications ; rien ne sera sous-entendu ; tout aura sa place, sa valeur, sa clarté, comme si le modèle posait au milieu d'une plaine. L'air lui-même, qui est incolore, l'air sera peint, et son épaisseur transparente, que la science seule sait rendre palpable, l'art la fera sentir. Jamais le problème de l'imitation n'a été posé avec autant d'audace.

Ce système devrait conduire l'artiste à laisser aux vêtements et aux accessoires leur ton le plus vif, pour ne pas dire le plus violent. Ne prodiguera-t-il pas le rouge, le bleu, le jaune ? Ne cherchera-t-il pas des alliances éclatantes ou des oppositions ? Son génie l'inspirera mieux, et lui fera découvrir que ce n'est ni le nombre ni le fracas des couleurs qui constitue le coloriste. Il préférera les tons neutres, le blanc, le gris, le brun, le jaune pâle ; il pénétrera avec un instinct rare leurs propriétés et leurs rapports ; il tirera de leurs combinaisons des reliefs surprenants, une vigueur pleine de charme, des harmonies claires, gaies, chantantes. Coloriste avec peu de bruit, fleuri à l'aide de couleurs austères, brillant à l'aide de teintes tranquilles, c'est dans la gamme fraternelle des tons et l'exquise intelligence de leurs valeurs qu'est le secret de sa puissance. Aucun peintre n'a employé moins de couleurs que lui. Dans tel tableau, vous apercevrez à peine un peu de rouge, dans tel autre un ruban rose, ici une plume violette que la pluie a fait passer, là une frange d'or bien assombrie. À peine si quelques tons plus vifs rehaussent la composition sans l'étendre, la réveillent sans l'écraser, et mettent l'accent sur une partie du tableau sans nuire aux parties voisines. Je comparerais le pinceau de Velasquez à un grand seigneur qui, dans sa conduite, dans ses gestes, dans ses paroles, garde une mesure parfaite, un tact plein de dignité, et s'annonce par je ne sais quel parfum supérieur. Il hait les cris, évite les éclats, il craint même l'éloquence, qui dérangerait sa tenue et l'harmonie générale de sa personne. En effet, Murillo, placé à côté de Velasquez, Murillo, malgré ses qualités de coloriste et son charme, est épais, violent : son pinceau paraît roturier.

Charles Ernest Beulé

Velasquez en toute circonstance a l'aversion des couleurs qui frappent trop vivement la vue ; il écarte les ressources les plus légitimes de la peinture. Que l'on considère les accessoires qui entourent l'infante Marguerite ! L'infante est en blanc avec des rubans rouges, le tapis est rouge, les rideaux sont rouges, le fond de la salle est rouge. Comment ne pas développer librement de telles harmonies ? Le peintre au contraire les adoucit, les nuance, les assourdit, les éteint ; il faut que vous réfléchissiez pour reconnaître que tout est rouge, tant vos yeux sont mal avertis, tant l'éclat des tons leur a été savamment dérobé. Cet art n'est pas moins sensible dans un portrait du cardinal Gaspar de Borja, que M. de Salamanca possède. Le vêtement et le bonnet du cardinal doivent être rouges ; ils le sont, mais ils ne le paraissent pas, tant le peintre a le secret de sacrifier tout ce qui nuirait au sujet principal. Dans le tableau de *la Reddition de Bréda*, où il y a des guerriers, des seigneurs, des costumes de toute sorte, des armes, des étendards, la richesse et l'abondance des couleurs ne sont-elles pas inévitables ? Vous ne verrez que des teintes neutres ou habilement fondues, çà et là un hoqueton bleu, un drapeau d'un bleu plus pâle, un ruban de nuance analogue, une banderole d'un rose léger, discret, rien de plus. Art prodigieux, qui tire toute sa force du sentiment profond des harmonies, de leurs rapports et des valeurs posées sur d'autres valeurs ! Dans le tableau des *Fileuses*, il y a des tons vifs et variés qui chantent, mais comme une musique sautillante, spirituelle, contenue par la sourdine. Les teintes éclatantes ont peu d'étendue, elles sont brisées, disséminées ; sans empâtement, à peine frottées, elles semblent des glissades du pinceau, et leurs douces oppositions se font équilibre. En outre, un jet puissant de lumière, en disjoignant les masses colorées, les fait trembler, se séparer et s'alléger encore.

J'ai déjà parlé des paysages : il est inutile d'en louer de nouveau la couleur si idéale, et pourtant si propre à produire l'illusion du vrai. Je n'ai pas craint de dire qu'à côté de telles œuvres les autres coloristes paraissaient plus fougueux, mais moins délicats, que leurs tons semblaient plutôt enflammés que lumineux, que le pourpre, le bleu, le violet, l'orange qu'ils jetaient sur leurs toiles produisaient des effets saisissants, mais qui soutenaient mal la lutte avec de tranquilles clartés. À côté d'eux, Velasquez a quelque chose de limpide, d'élevé, de choisi, comme s'il peignait au sommet d'une montagne, dans une atmosphère plus pure, entouré d'un jour égal et serein, laissant à ses rivaux les accidents d'un monde plus grossier, soleils brumeux, nuages amoncelés, sombres tempêtes.

Ainsi ce maître original, à qui ont manqué une science plus rigoureuse du dessin, l'amour de la beauté et la recherche des types généraux, n'en est pas moins le premier parmi les peintres de portrait, et si je ne me trompe, le plus grand des coloristes.

ISBN : 978-1976540196

www.ingramcontent.com/pod-product-compliance
Lightning Source LLC
Chambersburg PA
CBHW050250230526
45470CB00005B/2203